INTRODUCTION

A LA GRAMMAIRE COMPARÉE

DES

LANGUES INDO-EUROPÉENNES

INTRODUCTION

A LA GRAMMAIRE COMPARÉE

DES

LANGUES INDO-EUROPÉENNES

INTRODUCTION

A LA GRAMMAIRE COMPARÉE

DES

LANGUES INDO-EUROPÉENNES

DE

M. FR. BOPP

PAR M. MICHEL BRÉAL

EXTRAIT

DU TOME PREMIER DE LA TRADUCTION FRANÇAISE

PARIS

IMPRIMERIE IMPÉRIALE

M DCCC LXVI

INTRODUCTION.

I.

En présentant au lecteur français une traduction de la *Grammaire comparée* de M. Bopp, il ne sera pas inutile de donner quelques explications sur la vie et sur les œuvres de l'auteur, sur la part qui lui revient dans le développement de la science du langage et sur les principes qui servent de fondement à ses observations. Mais, avant tout, nous demandons la permission de dire les motifs qui nous ont décidé à entreprendre cette traduction.

Quand la *Grammaire comparée* de M. Bopp parut en Allemagne, elle fut bientôt suivie d'un grand nombre de travaux, qui, prenant les choses au point où l'auteur les avait laissées, continuèrent ses recherches et complétèrent ses découvertes. Un ouvrage dont le plan est à la fois si étendu et si détaillé invitait à l'étude et fournissait pour une quantité de problèmes des points de repère commodes et sûrs : une fois l'impulsion donnée, cette activité ne s'est plus ralentie. Nous osons espérer que le même livre, singulièrement élargi dans sa seconde édition, produira des effets analogues en France, et que nous verrons se former également parmi nous une famille de linguistes qui poursuivra l'œuvre du maître et s'avancera dans les routes qu'il a frayées. Par le nombre d'idiomes qu'elle embrasse, la *Grammaire comparée* ouvre la carrière à des recherches fort diverses, et se trouve comme située à l'entrée des principales voies de la philologie indo-européenne : quelle que soit, parmi les langues de la famille, celle dont on entreprenne l'étude, on est sûr de trouver dans M. Bopp un guide savant et ingénieux qui vous en montre les affinités et vous en découvre les origines. Non-seulement il replace tous les idiomes dans le milieu où ils ont pris naissance et il les fait mieux comprendre en les commentant l'un par l'autre, mais il soumet chacun d'entre eux à une analyse exacte et fine qui commence précisément au point où finissent les grammaires spéciales. Que nos philologues se proposent des recherches comparatives ou qu'ils veuillent approfondir la structure d'un seul idiome, le livre de M. Bopp les conduira jusqu'à la limite des connaissances actuelles et les mettra sur la route des découvertes.

Mais la traduction de cet ouvrage nous a encore paru désirable pour une autre raison. A vrai dire, les travaux de linguistique ne manquent pas en France, et notre goût pour ce genre d'investigation ne doit pas être médiocre, s'il est permis de mesurer la faveur dont jouit une science au nombre des livres qu'elle suscite. Parmi ces travaux, nous en pourrions citer qui sont excellents et qui valent à tous égards les plus savants et les meilleurs de l'étranger. Mais, pour parler ici avec une pleine franchise, la plupart nous semblent loin de révéler cette série continue d'efforts et cette unité de direction qui sont la condition nécessaire du progrès d'une science. On serait tenté de croire que la linguistique n'a pas de règles fixes, lorsque, en parcourant le plus grand nombre de ces ouvrages, on voit chaque auteur poser des principes qui lui sont propres et expliquer la méthode qu'il a inventée. Très-différents par le but qu'ils ont en vue et par l'esprit qui les anime, les livres dont nous parlons offrent entre eux un seul point de ressemblance : c'est qu'ils s'ignorent les uns les autres, je veux dire qu'ils ne se continuent ni ne se répondent; chaque écrivain, prenant la science à son origine, s'en constitue le fondateur et en établit les premières assises. Par une conséquence naturelle, la science, qui change continuellement de terrain, de plan et d'architecte, reste toujours à ses fondations. Ce n'est pas de tel ou tel idiome, encore moins d'un point spécial de philologie que traitent ces ouvrages à vaste portée : leur objet habituel est de rapprocher des familles de langues dont rien jusque-là ne faisait pressentir l'affinité, ou bien de se prononcer sur l'unité ou la pluralité des races du globe, ou de remonter jusqu'à la langue primitive et de décrire les origines de la parole humaine, ou enfin de tracer un de ces projets de langue unique et universelle dont chaque année voit augmenter le nombre. À la vue de tant d'efforts incohérents, le lecteur est tenté de supposer que la linguistique est encore dans son enfance, et il est pris du même scepticisme qu'exprimait saint Augustin, il y a près de quinze siècles, quand il disait, à propos d'ouvrages analogues, que l'explication des mots dépend de la fantaisie de chacun, comme l'interprétation des songes.

La plupart des sciences expérimentales ont traversé une période d'anarchie, et c'est ordinairement au défaut de suite, à l'amour exclusif des questions générales, à l'absence de progrès qu'on reconnaît qu'elles ne sont pas constituées. La grammaire comparée en serait-elle encore là? Faut-il croire qu'elle attend son législateur? Pour nous convaincre du contraire, il suffit de jeter les yeux sur ce qui se passe à l'étranger. Tandis que nous multiplions les projets ambitieux que l'instant d'après change en ruines, ailleurs l'édifice se construit peu à peu. Cette terre inconnue, ce continent nouveau dont tant de navigateurs nous parlent en termes vagues, comme s'ils venaient tous d'y débarquer les premiers, d'exacts et patients voyageurs l'explorent en divers sens depuis cinquante ans. Les ouvrages de grammaire comparée se succèdent en Allemagne, en se contrôlant et en se complétant les uns les autres, ainsi que font chez nous les livres de physiologie ou de botanique; les questions générales sont mises à l'écart ou discrètement touchées, comme étant les dernières et non les premières que doive résoudre une science; les observations de détail s'accumulent, conduisant à des lois qui servent à leur tour à des découvertes nouvelles. Comme dans un atelier bien ordonné, chacun a sa place et sa tâche, et l'œuvre, commencée sur vingt points à la fois, s'avance d'autant plus rapidement que la même méthode, employée par tous, devient chaque jour plus pénétrante et plus sûre.

De tous les livres de linguistique, l'ouvrage de M. Bopp est celui où la méthode comparative peut être apprise avec le plus de facilité. Non-seulement l'auteur l'applique avec

beaucoup de précision et de délicatesse, mais il en met à
nu les procédés et il permet au lecteur de suivre le progrès de ses observations et d'assister à ses découvertes.
Avec une bonne foi scientifique plus rare qu'on ne pense,
il dit par quelle conjecture il est arrivé à remarquer telle
identité, par quel rapprochement il a constaté telle loi;
si la suite de ses recherches n'a pas confirmé une de ses
hypothèses, il ne fait point difficulté de le dire et de se
corriger. L'école des linguistes allemands s'est principale-
ment formée à la lecture des ouvrages de M. Bopp : elle
a grandi dans cette salle d'expériences qui lui était sans
cesse ouverte et où les pesées et les analyses se faisaient
devant ses yeux. Ceux mêmes qui contestent quelques-
unes des théories de l'illustre grammairien se regardent
comme ses disciples, et sont d'accord pour voir en lui,
non-seulement le créateur de la philologie comparative,
mais le maître qui l'a enseignée à ses continuateurs et à
ses émules.

Tels sont les motifs qui nous ont décidé à traduire l'ouvrage de M. Bopp : nous avons voulu rendre plus acces-
sible un livre qui est à la fois un trésor de connaissances
nouvelles et un cours pratique de méthode grammaticale.
Il est à peine nécessaire d'ajouter que nous ne songions
pas aux seuls linguistes de profession, en entreprenant
une traduction qui sans doute ne leur eût pas été nécessaire. Il y a parmi nous un grand nombre d'hommes voués
par état et par goût à l'enseignement et à la culture des
langues anciennes : ils ne veulent ni ne doivent rester
étrangers à des recherches qui touchent de si près à leurs
travaux. C'est à eux surtout que, dans notre pensée, nous

destinons le présent ouvrage, pour qu'ils apprécient la valeur de cette science nouvelle et pour qu'ils s'en approprient les parties les plus utiles. Si les études historiques ne sont plus aujourd'hui en France ce qu'elles étaient il y a cinquante ans, si les leçons de littérature données dans nos écoles ne ressemblent pas aux leçons littéraires qu'ont reçues nos pères et nos aïeux, pourquoi la grammaire seule resterait-elle au même point qu'au commencement du siècle? De grandes découvertes ont été faites : les idiomes que l'on considérait autrefois isolément, comme s'ils étaient nés tout à coup sous la plume des écrivains classiques de chaque pays, ont été replacés à leur rang dans l'histoire, entourés des dialectes et des langues congénères qui les expliquent, et étudiés dans leur développement et leurs transformations. La grammaire, ainsi comprise, est devenue à la fois plus rationnelle et plus intéressante : il est juste que notre enseignement profite de ces connaissances nouvelles qui, loin de le compliquer et de l'obscurcir, y apporteront l'ordre, la lumière et la vie.

Ce serait, du reste, une erreur de croire que toutes les recherches grammaticales doivent nécessairement embrasser à l'avenir l'immense champ d'étude parcouru par M. Bopp. Il y a plus d'une manière de contribuer aux progrès de la philologie comparative. La méthode qui a servi pour l'ensemble de la famille indo-européenne sera appliquée avec non moins de succès aux diverses subdivisions de chaque groupe. Quelques travaux remarquables peuvent servir de modèle en ce genre. Un des plus solides esprits de l'Allemagne, M. Corssen, en rapprochant le la-

tin de ses frères, l'ombrien et l'osque, et en comparant le
latin à lui-même, c'est-à-dire en suivant ses transformations d'âge en âge, a renouvelé en partie l'étude d'une
langue sur laquelle il semblait qu'après tant de siècles
d'enseignement il ne restât plus rien à dire. La science du
langage peut encore être abordée par d'autres côtés. Les
recherches d'épigraphie, de critique verbale, de métrique,
les études sur le vocabulaire d'un auteur ou d'une période
littéraire, sont autant de sources d'information qui doivent
fournir à la philologie comparée leur contingent de faits
et de renseignements. Aujourd'hui que les grandes lignes
de la science ont été marquées, ces travaux de détail vien-
dront à propos pour déterminer et, au besoin, pour recti-
fier ce qui ne pouvait, dès le début, être tracé d'une façon
définitive.

Ce ne sont ni les sujets, ni les moyens de travail qui fe-
ront défaut à nos philologues. Mais en cherchant à provo-
quer leur concours, nous ne songeons pas seulement à
l'intérêt et à l'honneur des études françaises. Il faut sou-
haiter pour la philologie comparée elle-même qu'elle soit
bientôt adoptée et cultivée parmi nous. On a dit que la
France donnait aux idées le tour qui les achève et l'em-
preinte qui les fait partout accueillir. Pour que la grammaire comparative prenne la place qui lui est due dans
toute éducation libérale, pour qu'elle trouve accès auprès
des intelligences éclairées de tous pays, il faut que l'esprit
français y applique ces rares et précieuses qualités qui,
depuis Henri Estienne jusqu'à Eugène Burnouf, ont été
l'accompagnement obligé et la marque distinctive de l'érudition dans notre contrée. La France, en prenant part à

ces études, les répandra dans le monde entier. En même temps, avec ce coup d'œil pratique et avec cet art de classer et de disposer les matières que l'étranger ne nous conteste pas, nous ferons sortir de la grammaire comparée et nous mettrons en pleine lumière les enseignements multiples qu'elle tient en réserve. Une fois que la science du langage aura pris racine parmi nous, aux fruits qu'elle donnera, on reconnaîtra le sol généreux où elle a été transplantée.

II.

L'auteur de la *Grammaire comparée*, M. François Bopp, est né à Mayence, le 14 septembre 1791. Il fit ses classes à Aschaffenbourg, où sa famille, à la suite des événements militaires de cette époque, avait suivi l'Électeur. On remarqua de bonne heure la sagacité de son esprit, ses goûts sérieux et réfléchis, ainsi que sa prédilection pour l'étude des langues : non pas qu'il eût une aptitude particulière à les parler ou à les écrire; mais son intention, en les apprenant, était de pénétrer par cette voie dans une connaissance plus intime de la nature et des lois de l'esprit humain. Après Leibnitz, qui eut sur ce sujet tant de vues profondes et justes[1], Herder avait appris à l'Allemagne à considérer les langues autrement que comme

[1] On trouvera des détails intéressants sur la part que prit Leibnitz au développement de la linguistique, dans le bel ouvrage de M. Max Müller : La science du langage. T. I, leçon quatrième. Le premier volume de cet ouvrage a été traduit en français par MM. Harris et Perrot. La traduction du second volume doit paraître prochainement.

de simples instruments destinés à l'échange des idées : il avait montré qu'elles renferment aussi, pour qui sait les interroger, les témoignages les plus anciens et les plus authentiques sur la façon de penser et de sentir des peuples. Au lycée d'Aschaffenbourg, qui avait, en partie, recueilli les professeurs de l'Université de Mayence, M. Bopp eut pour maître un admirateur de Herder, Charles Windischmann, à la fois médecin, historien et philosophe, dont les nombreux écrits sont presque oubliés aujourd'hui, mais qui joignait à des connaissances étendues un grand enthousiasme pour la science. Les religions et les langues de l'Orient étaient pour Windischmann un objet de vive curiosité : comme les deux Schlegel, comme Creuzer et Gœrres, avec lesquels il était en communauté d'idées, il attendait d'une connaissance plus complète de la Perse et de l'Inde des révélations sur les commencements du genre humain. C'est un trait remarquable de la vie de M. Bopp que celui dont les observations grammaticales devaient porter un si rude coup à l'une des théories fondamentales du symbolisme ait eu pour premiers maîtres et pour premiers patrons les principaux représentants de l'école symbolique. La simplicité un peu nue, l'abstraction un peu sèche de nos encyclopédistes du xviiie siècle avaient suscité par contre-coup les Creuzer et les Windischmann; mais si M. Bopp a ressenti la généreuse ardeur de cette école, et si la parole de ses maîtres l'a poussé à scruter les mêmes problèmes qui les occupaient, il sut garder, en dépit des premières impressions de sa jeunesse, sur le terrain spécial qu'il choisit, toute la liberté d'esprit de l'observateur. Les doctrines de Heidelberg ne trou-

blèrent point la clarté de son coup d'œil, et sans l'avoir
cherché, il contribua plus que personne à dissiper le mys-
tère dont ces intelligences élevées, mais amies du demi-
jour, se plaisaient à envelopper les premières productions
de la pensée humaine.

Après avoir appris les langues classiques et les principaux
idiomes modernes de l'Europe, M. Bopp se tourna vers
l'étude des langues orientales. Ce qu'on entendait par ce
dernier mot, au commencement du siècle, c'étaient les
langues sémitiques, le turc et le persan. On savait toutefois, grâce aux publications de la Société asiatique de Calcutta et aux livres de quelques missionnaires ou voyageurs,
qu'il s'était conservé dans l'Inde un idiome sacré dont l'antiquité dépassait, disait-on, l'âge de toutes les langues
connues jusqu'alors. On ajoutait que la perfection de cet
idiome était égale, sinon supérieure, à celle des langues
classiques de l'Europe. Quant à la littérature de l'Inde, elle
se composait de chefs-d'œuvre de poésie tels que Sacoun-
talâ, récemment traduite par William Jones, d'immenses
épopées remplies de légendes vieilles comme le monde et
de trésors de sagesse comme la philosophie du Védanta.
Le jeune étudiant prêtait l'oreille à ces renseignements
dont le caractère vague était un aiguillon de plus. Il ré-
solut d'aller à Paris pour y étudier les idiomes de l'Orient
et particulièrement le sanscrit.

Un ouvrage resté célèbre, qui se perd, après les premiers chapitres, dans un épais brouillard d'hypothèses,
mais dont le commencement devait offrir le plus vif intérêt à l'esprit d'un linguiste, ne fut sans doute pas étranger
à cette décision. Nous voulons parler du livre de Frédéric

Schlegel « Sur la langue et la sagesse des Indous[1]. » Malgré de nombreuses erreurs, on peut dire que ce travail ouvrait dignement, par l'élévation et la noblesse des sentiments, l'ère des études sanscrites en Europe. Il eut surtout un grand mérite, celui de pressentir l'importance de ces recherches et d'y appeler sans retard l'effort de la critique.

« Puissent seulement les études indiennes, écrivait
« Schlegel à la fin de sa préface, trouver quelques-uns de
« ces disciples et de ces protecteurs, comme l'Italie et
« l'Allemagne en virent, au xve et au xvie siècle, se lever
« subitement un si grand nombre pour les études grecques
« et faire en peu de temps de si grandes choses! La renais-
« sance de la connaissance de l'antiquité transforma et ra-
« jeunit promptement toutes les sciences : on peut ajouter
« qu'elle rajeunit et transforma le monde. Les effets des
« études indiennes, nous osons l'affirmer, ne seraient pas
« aujourd'hui moins grands ni d'une portée moins géné-
« rale, si elles étaient entreprises avec la même énergie et
« introduites dans le cercle des connaissances européennes.
« Et pourquoi ne le seraient-elles pas? Ces temps des Mé-
« dicis, si glorieux pour la science, étaient aussi des temps
« de troubles et de guerres, et précisément pour l'Italie
« ce fut l'époque d'une dissolution partielle. Néanmoins il
« fut donné au zèle d'un petit nombre d'hommes de pro-
« duire tous ces résultats extraordinaires, car leur zèle était
« grand, et il trouva, dans la grandeur proportionnée
« d'établissements publics et dans la noble ambition de

[1] Heidelberg, 1808.

« quelques princes, l'appui et la faveur dont une pareille
« étude avait besoin à ses commencements. »

Paris était alors, de l'aveu de tous, le centre des études
orientales, grâce à sa magnifique Bibliothèque et à la
présence de savants comme Silvestre de Sacy, Chézy,
Étienne Quatremère, Abel Rémusat. En ce qui concerne
la littérature sanscrite, il s'était formé à Paris, depuis
1803, un petit groupe d'hommes distingués qui recueil-
lait avec une curiosité intelligente les renseignements ve-
nant de l'Inde sur une matière si peu connue. Un membre
de la Société de Calcutta, Alexandre Hamilton, fut le
maître de cette colonie savante : retenu prisonnier de
guerre après la rupture de la paix d'Amiens, il employa
ses loisirs à passer en revue et à cataloguer la belle et
riche collection de manuscrits sanscrits formée pour la Bibliothèque du roi, dans la première moitié du xviiie siècle,
par le Père Pons : en même temps, par ses conversa-
tions, il introduisait dans la connaissance du monde indien Langlès, le libéral conservateur des manuscrits orien-
taux, Frédéric Schlegel, Chézy, qui devait plus tard
monter dans la première chaire de sanscrit fondée en
Europe, et Fauriel, dont la curiosité universelle ne se
contentait pas des littératures de l'Occident. Quelques années après, le célèbre critique Auguste-Guillaume Schlegel
venait à son tour à Paris préparer ses éditions de l'Hitôpadêça et de la Bhagavad-Gîtâ. Le trait distinctif du
plus grand nombre de ces savants était une aptitude à
s'assimiler les idées nouvelles qui est rare en tout temps,
mais qui l'était surtout à l'époque dont nous parlons.

Toutefois, ce groupe d'hommes, en qui se résumaient
alors les études sanscrites de l'Europe, avait ses côtés
faibles, ses préférences et ses préventions. N'ayant aucun
moyen de contrôler les assertions de l'école de Calcutta,
qui écrivait elle-même sous la dictée des brahmanes, il
était obligé à une confiance docile ou réduit à des sup-
positions sans preuve : ainsi que le dit quelque part
Chézy, on ressemblait à des voyageurs en pays étranger,
contraints de s'en reposer sur la bonne foi des truche-
mans[1]. Frédéric Schlegel, comme les autres, puisait sa
science dans les Mémoires de la Société de Calcutta : il
adaptait les faits qu'il y apprenait à une chronologie de
son invention et à une philosophie de l'histoire arrangée
d'avance. Tout ce qui touchait aux doctrines religieuses,
aux œuvres littéraires, à la législation de l'Inde, sollicitait
vivement l'attention de ces écrivains et de ces penseurs;
mais les travaux purement grammaticaux jouissaient auprès d'eux d'une estime médiocre. On regardait l'étude du
sanscrit qui, il faut le dire, était alors rebutante et hérissée
de difficultés, comme une initiation pénible, quoique nécessaire, à des spéculations plus relevées. Par la rigueur
et la sagesse de son intelligence, plus portée à l'observation qu'aux systèmes, par son indépendance d'esprit, qui
ne s'en rapportait à personne et ne se prononçait que
sur les faits constatés, par la préférence qui l'entraînait
aux recherches grammaticales, le jeune et modeste philologue qui, en 1812, arrivait à Paris, formait un contraste
frappant avec ces savants qui représentent, dans l'histoire

[1] Article sur la grammaire de Wilkins, dans le *Moniteur* du 26 mai 1810.

des études sanscrites, l'âge de foi et d'enthousiasme. Le futur auteur de la *Grammaire comparée* devait inaugurer une période nouvelle : il apportait avec lui l'esprit d'analyse scientifique.

M. Bopp passa quatre années à Paris, de 1812 à 1816, s'adonnant, en même temps qu'à l'étude du sanscrit, à celle du persan, de l'arabe et de l'hébreu. Nous trouvons dans son premier ouvrage l'expression de sa reconnaissance envers Silvestre de Sacy, dont il suivit les cours, et envers Langlès qui, outre les collections du Cabinet des manuscrits, mit à sa disposition sa bibliothèque particulière, l'une des plus riches et des mieux composées qu'on pût trouver alors. Plus heureux que ses prédécesseurs, réduits à apprendre les éléments de la langue sanscrite dans des travaux informes, il eut entre les mains les grammaires de Carey[1], de Wilkins[2] et de Forster[3] : le Râmâyana et l'Hitôpadêça de Sérampour, publiés par Carey, furent les premiers textes imprimés qu'il eut à sa disposition. En même temps, il tirait des manuscrits de la Bibliothèque des matériaux pour ses éditions futures. La guerre qui mettait alors aux prises l'Allemagne et la France ne put le distraire de son long et paisible travail : comme un sage de l'Inde transporté à Paris, il était tout entier à ses recherches, et, au milieu de la confusion des événements, il gardait son attention pour les chefs-d'œuvre de la poésie sanscrite et pour la série des faits

---

[1] Sérampour. 1806.

[2] Londres, 1808.

[3] Calcutta. 1810. — La grammaire de Colebrooke. quoique publiée la première, ne fut connue de M. Bopp que plus tard.

si curieux et si nouveaux qui se découvraient à son esprit.

Le premier résultat de son séjour de quatre ans à Paris fut cette publication dont l'Allemagne se prépare à célébrer comme un jour de fête le cinquantième anniversaire. Le livre a pour titre : « Du système de conjugaison de la langue sanscrite, comparé avec celui des langues grecque, latine, persane et germanique[1]. » Cet ouvrage, intéressant à plus d'un titre, mérite bien, en effet, d'être regardé comme faisant époque dans l'histoire de la linguistique. Nous nous y arrêterons quelques moments, pour examiner les nouveautés qu'il renferme.

III.

Ce qui fait l'originalité du premier livre de M. Bopp, ce n'est pas d'avoir présenté le sanscrit comme une langue de même famille que le grec, le latin, le persan et le gothique, ni même d'avoir exactement défini la nature et le degré de parenté qui unit l'idiome asiatique aux langues de l'Europe. C'était là une découverte faite depuis longtemps. L'affinité du sanscrit et de nos langues de l'Occident est si évidente, elle s'étend à un si grand nombre de mots et à tant de formes grammaticales, qu'elle avait frappé les yeux des premiers hommes instruits qui avaient entre-

[1] Francfort-sur-le-Mein, 1816. La préface, qui est de Windischmann, est datée du 16 mai 1816. Le 16 mai 1866, une fondation, qui portera le nom de M. Bopp et à laquelle concourent ses disciples et ses admirateurs de tous pays, sera constituée à Berlin pour l'encouragement des travaux de philologie comparative.

pris l'étude de la littérature indienne. L'idée d'une parenté reliant les idiomes de l'Europe à celui de l'Inde ne pouvait guère manquer de se présenter à l'esprit d'un observateur érudit et attentif[1]. On attribue d'ordinaire à William Jones l'honneur d'avoir, le premier, mis en lumière ce fait qui est devenu l'axiome fondamental de la philologie indo-européenne. Mais vingt ans avant Jones et avant l'Institut de Calcutta, le même fait avait déjà été publiquement exposé à Paris. Il y aura bientôt un siècle que l'Académie des inscriptions et belles-lettres a été saisie de la question.

L'abbé Barthélemy s'était adressé, en 1763, à un jésuite français, le P. Cœurdoux, depuis longtemps établi à Pondichéry, pour lui demander une grammaire et un dictionnaire de la langue sanscrite. Il le priait en même temps de lui donner divers renseignements sur l'histoire et la littérature de l'Inde. En répondant en 1767 au savant helléniste, le P. Cœurdoux joignit à sa lettre une sorte de mémoire intitulé : « Question proposée à M. l'abbé « Barthélemy et aux autres membres de l'Académie des « belles-lettres et inscriptions. » Cette question est conçue ainsi : « D'où vient que dans la langue samscroutane il se « trouve un grand nombre de mots qui lui sont communs « avec le latin et le grec, et surtout avec le latin[2] ? » A

---

[1] On sait que les ressemblances de l'allemand et du persan ont été observées de bonne heure; mais on les expliquait par des conjectures aujourd'hui abandonnées. Il est constaté à présent que ces analogies proviennent de la parenté générale qui unit tous les idiomes indo-européens, et que les langues germaniques n'ont pas avec le persan ou avec le zend une affinité plus étroite qu'avec le sanscrit.

[2] Le missionnaire ajoutait ces derniers mots pour prévenir une objection

l'appui de son assertion, le P. Cœurdoux donnait quatre listes de mots et de formes grammaticales[1]. Il remarque que l'augment syllabique, le duel, l'*a* privatif se trouvent en sanscrit comme en grec. Pour justifier quelques-uns de ses rapprochements, il donne des indications sur la prononciation des lettres indiennes : ainsi *aham* ne ressemble pas, à première vue, à *ego*; mais il faut observer que le *h* sanscrit est une lettre gutturale ayant un son analogue à celui du *g*. Le *c* de *catur* répond au *q* de *quatuor*. Résolvant enfin lui-même la question qu'il posait à l'Académie, il réfute par d'excellentes raisons toutes les explications qu'on pourrait avancer en se fondant sur des relations de commerce ou sur des communications scientifiques, et il conclut à la parenté originaire des Indous, des Grecs et des Latins[2]. Dans une lettre subséquente, il ajoute qu'il a trouvé d'autres identités entre le sanscrit, l'allemand et l'esclavon.

Nul doute que si l'Académie, en 1768, eût possédé un philologue éminent comme Fréret[3], cette communication

qu'on ne devait pas manquer de lui opposer, celle d'un emprunt fait aux royaumes grecs fondés dans le voisinage de l'Inde.

[1] Il rapproche, par exemple, *dânam* de *donum*, *dattam* de *datum*, *vîra* de *virtus*, *vidhavâ* de *vidua*, *agni* de *ignis*, *nava* de *novus*, *divas* de *dies*, *madhya* de *medius*, *antara* de *inter*, *janitrî* de *genitrix*. Il met le présent de l'indicatif et le potentiel du verbe *asmi* en regard de εἰμί et de *sim*. Il compare les pronoms personnels et interrogatifs en sanscrit, en grec et en latin. Il rapproche enfin les noms de nombre dans les trois langues.

[2] *Mémoires de l'Académie des Inscriptions et Belles-Lettres*, t. XLIX, p. 647-697.

[3] Voyez, par exemple, aux tomes XVIII et XXI de l'*Histoire de l'Académie des Inscriptions*, l'analyse de deux mémoires de Fréret intitulés : *Vues générales sur l'origine et le mélange des anciennes nations* et *Observations gé-*

ne fût pas restée stérile. Malheureusement l'abbé Barthélemy s'en remit sur Anquetil-Duperron du soin de répondre au missionnaire. Le traducteur du Zend-Avesta poussait jusqu'à la passion le goût des recherches historiques; mais il n'avait aucun penchant pour les spéculations purement grammaticales, et les rapprochements d'idiome à idiome, comme ceux que proposait le P. Cœurdoux, lui inspiraient une invincible défiance. Persuadé que les analogies signalées étaient chimériques ou provenaient du contact des Grecs, il laissa tomber ce sujet de discussion pour entretenir son correspondant des questions qui lui tenaient à cœur. Le peu d'empressement qu'il mit à publier les lettres du missionnaire les empêcha d'avoir sur d'autres l'effet qu'elles n'avaient pas produit sur lui-même. Lues devant l'Académie en 1768, elles ne furent imprimées qu'en 1808, après la mort d'Anquetil-Duperron, à la suite d'un de ses mémoires. Dans l'intervalle, les études sanscrites avaient été constituées et la question soumise par le P. Cœurdoux à l'Académie des Inscriptions posée par d'autres devant le public.

« La langue sanscrite, disait William Jones en 1786 dans « un de ses discours à la Société de Calcutta [1], quelle que « soit son antiquité, est d'une structure merveilleuse; plus « parfaite que la langue grecque, plus abondante que la « langue latine, d'une culture plus raffinée que l'une et « l'autre, elle a néanmoins avec toutes les deux une parenté

nérales sur l'origine et sur l'ancienne histoire des premiers habitants de la Grèce. Dans ces mémoires, le pénétrant critique essaye déjà la méthode et pressent quelques-unes des découvertes de la linguistique moderne.

[1] Recherches asiatiques. t. I. p. 422.

« si étroite, tant pour les racines verbales que pour les
« formes grammaticales, que cette parenté ne saurait être
« attribuée au hasard. Aucun philologue, après avoir exa-
« miné ces trois idiomes, ne pourra s'empêcher de recon-
« naître qu'ils sont dérivés de quelque source commune,
« qui peut-être n'existe plus. Il y a une raison du même
« genre, quoique peut-être moins évidente, pour supposer
« que le gothique et le celtique, bien que mélangés avec
« un idiome entièrement différent, ont eu la même ori-
« gine que le sanscrit; et l'ancien persan pourrait être
« ajouté à cette famille, si c'était ici le lieu d'élever une
« discussion sur les antiquités de la Perse. »

Sauf la supposition d'un mélange qui aurait eu lieu
pour le gothique et pour le celtique, le principe de la
parenté des langues indo-européennes est très-bien ex-
primé dans les paroles de William Jones. Il est intéressant, en outre, de remarquer que, dès le début des études
indiennes, le sanscrit est présenté comme la langue sœur
et non comme la langue mère des idiomes de l'Europe.
Presque en même temps que W. Jones, un missionnaire.
Allemand d'origine, qui avait longtemps séjourné dans
l'Inde, le P. Paulin de Saint-Barthélemy, publiait à
Rome des traités où il démontrait, par des exemples nombreux et généralement bien choisis, l'affinité du sanscrit,
du zend, du latin et de l'allemand. La même idée se retrouve enfin dans le livre de Frédéric Schlegel dont nous
avons déjà parlé, où elle sert de support à une vaste
construction historique.

Mais si l'on avait déjà fait des rapprochements entre

les divers idiomes indo-européens, personne ne s'était
encore avisé que ces comparaisons pouvaient fournir les
matériaux d'une histoire des langues ainsi mises en paral-
lèle. On donnait bien les preuves de la parenté du sanscrit et des idiomes de l'Europe; mais ce point une fois
démontré, on semblait croire que le grammairien était
au bout de sa tâche et qu'il devait céder la parole à l'historien et à l'ethnologiste. La pensée du livre de M. Bopp
est tout autre : il ne se propose pas de prouver la communauté d'origine du sanscrit et des langues européennes;
c'est là le fait qui sert de point de départ et non de con-
clusion à son travail. Mais il observe les modifications
éprouvées par ces langues identiques à leur origine, et il
montre l'action des lois qui ont fait prendre à des idiomes
sortis du même berceau des formes aussi diverses que le
sanscrit, le grec, le latin, le gothique et le persan. A la
différence de ses devanciers, M. Bopp ne quitte pas le
terrain de la grammaire; mais il nous apprend qu'à côté
de l'histoire proprement dite il y a une histoire des
langues qui peut être étudiée pour elle-même et qui
porte avec elle ses enseignements et sa philosophie. C'est
pour avoir eu cette idée féconde, qu'on chercherait vaine-
ment dans les livres de ses prédécesseurs, que la philologie comparative a reconnu dans M. Bopp, et non dans
William Jones ou dans Frédéric Schlegel, son premier
maître et son fondateur.

Par une conséquence naturelle, l'analyse de M. Bopp
est bien autrement pénétrante que celle de ses devanciers.
Il y a entre le sanscrit et les langues de l'Europe des
ressemblances qui se découvrent à première vue et qui

frappent tous les yeux; il en est d'autres plus cachées, quoique non moins certaines, qui ont besoin, pour être reconnues, d'une étude plus délicate et d'observations multipliées. Ceux qui voyaient dans l'unité de la famille indo-européenne un fait qu'il appartenait au linguiste de démontrer, mais dont les conséquences devaient se développer ailleurs qu'en grammaire, pouvaient se contenter des analogies évidentes. Mais M. Bopp, pour qui chaque modification faite au type de la langue primitive était comme un événement à part dans l'histoire qu'il composait, devait approfondir les recherches, mettre au jour les analogies secrètes et raviver les traits de ressemblance effacés par le temps. Si ses rapprochements surpassent en clairvoyance et en justesse tout ce qui avait été essayé jusqu'alors, il ne faut donc pas seulement en faire honneur à la pénétration et à la rectitude de son esprit. La supériorité de l'exécution vient chez lui de la supériorité du dessein : la même vue de génie qui lui a montré un but qu'avant lui on ne soupçonnait pas, lui a fait trouver des instruments plus parfaits pour y atteindre.

Le livre de M. Bopp renfermait une autre nouveauté, non moins importante : pour la première fois un ouvrage de grammaire se proposait l'explication des flexions. Ces lettres et ces syllabes qui servent à distinguer les cas et les nombres dans les noms, à marquer les nombres, les personnes, les temps, les voix et les modes dans les verbes, avaient toujours été considérées comme la partie la plus énigmatique des langues. Tous les grammairiens les avaient énumérées : aucun n'avait osé se prononcer sur leur origine[1].

Fort récemment, Frédéric Schlegel, dans son livre « Sur la langue et la sagesse des Indous », avait émis à ce sujet une théorie singulière, que M. Bopp a expressément contestée plusieurs fois[2], et que contredisent les observations de toute sa vie. Il ne sera donc pas inutile d'en dire ici quelques mots. L'hypothèse de Schlegel, qui se rattachait dans sa pensée à un ensemble de vues aujourd'hui discréditées, n'a pas d'ailleurs entièrement disparu. Elle se retrouve, avec toute sorte d'atténuations et de restrictions, dans beaucoup d'excellents esprits qui ne songent pas à en tirer les mêmes conséquences et qui ne se doutent peut-être pas où ils l'ont prise.

Selon Schlegel, les flexions n'ont aucune signification par elles-mêmes et n'ont pas eu d'existence indépendante. Elles ne servent et n'ont jamais servi qu'à modifier les racines, c'est-à-dire la partie vraiment significative de la langue. D'où proviennent ces syllabes, ces lettres additionnelles si précieuses dans le discours? elles sont le produit immédiat et spontané de l'intelligence humaine. En

---

[1] Il faut excepter le seul Adelung, qui, dans son Mithridate (I, p. XXVII et suiv.), propose sur la nature et sur l'origine des flexions des vues pleines de sens et de justesse. Mais il eût été en peine de les démontrer sur le grec ou sur le latin. Même après la publication du premier ouvrage de M. Bopp, Ph. Buttmann, dans son *Lexilogus* (1818), déclare qu'il est obligé de laisser les flexions en dehors de ses recherches, et Jacob Grimm, en 1822, dans la seconde édition de sa Grammaire allemande (I, p. 835), dit que les signes casuels sont pour lui « un élément mystérieux » dont il renonce à découvrir la provenance.

[2] Voyez surtout *Grammaire comparée*, § 108.

même temps que l'homme a créé des racines pour expri-
mer ses conceptions, il a inventé des éléments formatifs,
des modifications accessoires, pour indiquer les relations
que ses idées ont entre elles et pour marquer les nuances
dont elles sont susceptibles. Le vocabulaire et la grammaire ont été coulés d'un même jet. Dès sa première ap-
parition, le langage fut aussi complet que la pensée
humaine qu'il représente. Une telle création peut nous
sembler surprenante et même impossible aujourd'hui.
Mais l'homme, à son origine, n'était pas l'être inculte
et borné que nous dépeint une philosophie superficielle.
Doué d'organes d'une extrême finesse, il était sensible à
la signification primordiale des sons, à la valeur naturelle
des lettres et des syllabes. Grâce à une sorte de coup
d'œil divinateur, il trouvait sans tâtonnement le rapport
exact entre le son et l'idée : l'homme d'aujourd'hui, avec
ses facultés oblitérées, ne saurait expliquer cette relation
entre le signe et la chose signifiée qu'une intuition infail-
lible faisait apercevoir à nos ancêtres. D'ailleurs, poursuit
Schlegel, toutes les races n'ont pas été pourvues au même
degré de cette faculté créatrice. Il y a des langues qui se
sont formées par la juxtaposition de racines significatives,
invariables et inanimées, le chinois, par exemple, ou les
langues de l'Amérique, ou encore les langues sémitiques;
ces idiomes sont régis par des lois purement extérieures
et mécaniques. Ils ne sont pas incapables, toutefois, d'un
certain développement : ainsi l'arabe, en adjoignant, sous
la forme d'affixes, des particules à la racine, se rapproche
jusqu'à un certain point des langues indo-européennes.
Mais ce sont ces dernières seules qui méritent véritable-

ment le nom de langues à flexions; elles sont les seules,
continue l'auteur dans son langage figuré, qu'il semble
parfois prendre à la lettre, où la racine est un germe
vivant, qui croît, s'épanouit et se ramifie comme les pro-
duits organiques de la nature. Aussi les langues indo-
européennes ont-elles atteint la perfection dès le premier
jour, et leur histoire n'est-elle que celle d'une longue et
inévitable décadence [1].

Quand on examine de près cette théorie, on voit qu'elle
tient de la façon la plus intime au symbolisme de Creuzer.
Le professeur de Heidelberg appuyait aussi ses explications
sur cette faculté d'intuition dont l'homme était doué à
l'origine, et qui lui révélait des rapports mystérieux entre
les idées et les signes; il parlait des dieux, des mythes,
des emblèmes, dans les mêmes termes que Schlegel des
formes grammaticales : tous deux se référaient à une éducation mystérieuse que le genre humain, ou du moins
une portion privilégiée de la famille humaine, aurait reçue
dans son enfance. Aux assertions de Creuzer, Schlegel
apportait le secours de sa connaissance récente de l'Inde.
Après les études qui venaient de le conduire jusqu'au
berceau de la race, le doute, assurait-il, n'était plus possible : la perfection de l'idiome, non moins que la ma-
jesté de la poésie et la grandeur des systèmes philoso-
phiques, attestait que les ancêtres des Indous avaient été
éclairés d'une « sagesse » particulière [2].

A ces idées qui ne manquaient pas d'une certaine ap-
parence de profondeur, M. Bopp se contenta d'opposer

<hr>

[1] Ouvrage cité, p. 44 et suiv.
[2] De là le titre de l'ouvrage de Schlegel.

quelques faits aussi simples qu'incontestables. Il avait choisi pour sujet de son premier travail la conjugaison du verbe, c'est-à-dire l'une des parties de la grammaire où l'on peut le plus clairement découvrir la vraie nature des flexions. Il montra d'abord que les désinences personnelles des verbes sont des pronoms personnels ajoutés à la racine verbale. « Si la langue, dit-il, a employé, avec le génie pré-« voyant qui lui est propre, des signes simples pour re-« présenter les idées simples des personnes, et si nous « voyons que les mêmes notions sont représentées de la « même manière dans les verbes et dans les pronoms, il « s'ensuit que la lettre avait à l'origine une signification « et qu'elle y est restée fidèle. S'il y a eu autrefois une « raison pour que *mâm* signifiât « moi » et pour que *tam* « signifiât « lui », c'est sans aucun doute la même raison « qui fait que *bhava-mi* signifie « je suis » et que *bhava-ti* « signifie « il est ». Du moment que la langue marquait « les personnes dans le verbe en joignant extérieurement « des lettres à la racine, elle n'en pouvait légitimement « choisir d'autres que celles qui, depuis l'origine du lan-« gage, représentaient l'idée de ces personnes[1]. »

Il fait voir de même que la lettre *s*, qui, en sanscrit comme en grec, figure à l'aoriste et au futur des verbes, provient de l'adjonction du verbe auxiliaire *as* « être » à la racine verbale : $\mu\alpha\chi\text{-}\acute{\epsilon}\sigma\text{-}o\text{-}\mu\alpha\iota$, $\grave{o}\lambda\text{-}\acute{\epsilon}\sigma\text{-}\omega$ renferment la même syllabe $\epsilon\sigma$ qui se trouve dans $\acute{\epsilon}\sigma\text{-}\mu\acute{\epsilon}\nu$, $\acute{\epsilon}\sigma\text{-}\tau\acute{\iota}$[2]. Les futurs et les imparfaits latins comme *ama-bam*, *ama-bo*, contiennent également un auxiliaire, le même qui se trouve

---

[1] Système de conjugaison de la langue sanscrite, p. 147.
[2] Ouvrage cité, p. 66. Cf. la *Grammaire comparée*, § 648 et suiv.

dans le futur anglo-saxon en *beo, bys, byth;* c'est la racine
bhû « être », qui, à l'état indépendant, a donné au latin le
parfait *fui* et à l'allemand le présent *ich bin, du bist*[1].

Par ces exemples et par beaucoup d'autres du même
genre, il montre que les flexions sont d'anciennes racines
qui ont eu leur valeur propre et leur existence indivi-
duelle, et qu'en se combinant avec la racine verbale elles
ont produit le mécanisme de la conjugaison. On ne saurait priser trop haut l'importance de ces observations. La
théorie de Schlegel ouvrait une porte au mysticisme; elle
contenait des conséquences qui n'intéressaient pas moins
l'histoire que la grammaire, car elle tendait à prouver que
l'homme, à son origine, avait des facultés autres qu'aujourd'hui, et qu'il a produit des œuvres qui échappent
à l'analyse scientifique. C'est un des grands mérites de
M. Bopp d'avoir combattu cette hypothèse toutes les fois
qu'il l'a rencontrée et d'avoir accumulé preuve sur preuve
pour l'écarter des études grammaticales.

La troisième et dernière nouveauté que nous voulons
relever dans l'ouvrage qui nous occupe, c'est l'indépendance que, dès ses premiers pas, M. Bopp revendique
pour la philologie comparative, en regard des grammaires
particulières qui donnent les règles de chaque langue.
Avant lui, on s'en était tenu, pour l'explication des formes
sanscrites, aux anciens grammairiens de l'Inde. Colebrooke résume Pânini; Carey et Wilkins transportent dans
leurs livres les procédés grammaticaux qui sont en usage

---

[1] P. 96. Cf. la *Grammaire comparée*. § 526.

dans les écoles des brahmanes. On concevait à peine l'idée d'une autre méthode : l'opinion générale était qu'il fallait s'en rapporter à des maîtres qui joignaient une si prodigieuse faculté d'analyse à l'avantage d'enseigner leur langue maternelle. M. Bopp n'est pas l'élève des Grecs et des Romains; mais il n'est pas davantage le disciple des Indous. « Si les Indous, dit-il[1], ont méconnu quelquefois « l'origine et la raison de leurs formes grammaticales, ils « ressemblent en cela aux Grecs, aux Romains et aux mo- « dernes, qui se sont fait souvent une idée très-fausse de « la nature et de la signification des parties du discours les « plus importantes, et qui mainte fois ont plutôt senti que « compris l'essence et le génie de leur langue. Les uns « comme les autres ont pris pour sujet de leurs observa- « tions leur idiome déjà achevé ou plutôt déjà parvenu au « delà du moment de la perfection et arrivé à son déclin; « il ne faut pas s'étonner s'il a été souvent pour eux une « énigme et si le disciple a mal compris son maître. Il est « certain que chez les Indous les méprises sont plus rares, « parce que dans leur idiome les formes se sont conservées « d'une façon plus égale et plus complète; mais il n'en est « pas moins vrai que, pour arriver à une étude scientifique « des langues, il faut une comparaison approfondie et phi- « losophique de tous les idiomes d'une même famille, nés « d'une même mère, et qu'il faut même avoir égard à « d'autres idiomes de famille différente. En ce qui concerne « la langue sanscrite, nous ne pouvons pas nous en tenir « aux résultats de la grammaire des indigènes; il faut pé- « nétrer plus avant, si nous voulons saisir l'esprit des

[1] Ouvrage cité, p. 56.

« langues que nous nous contentons d'apprendre machi-
« nalement dans notre enfance. »

Si l'on se reporte à l'époque où ces lignes ont été écrites,
elles paraîtront d'une grande hardiesse : elles étaient l'an-
nonce d'une méthode nouvelle. M. Bopp prend dans
chaque grammaire toutes les observations dont il reconnaît la justesse, de même qu'il emprunte tantôt à l'école
grecque et tantôt à l'école indienne les termes techniques
qui lui paraissent nécessaires et commodes. Mais, ainsi
qu'il le dit, il ne reconnaît d'autre maître que la langue
elle-même, et il contrôle les doctrines des grammairiens
au nom du principe supérieur de la critique historique.

Après avoir indiqué les idées essentielles du livre de
M. Bopp, il resterait à citer quelques-uns des faits qu'il
renferme, pour montrer à quels résultats la méthode
comparative conduisait dès le premier jour. Il n'y avait
pas longtemps que l'école hollandaise, représentée par
Hemsterhuys, Valckenaer, Lennep et Scheide, avait essayé de renouveler l'étude de la langue grecque en y
appliquant les procédés de la grammaire sémitique et
en divisant les racines grecques en racines bilitères, trili-
tères et quadrilitères. On ne doit pas s'étonner si une pareille tentative ne produisit que des erreurs : ainsi σἰάω
(considéré à tort comme le primitif de ἵσημι) est ramené
par Lennep à une racine τάω, τέρπω à τέρω, ἕρπω à
ἐρέω. M. Bopp ne devait pas avoir de peine à prouver,
par la comparaison des verbes sanscrits *sthâ, trĭp, srĭp*[1].

---

[1] Plus tard, M. Bopp devait montrer que *trĭp, srĭp* supposent d'anciennes
formes *tarp, sarp*. (Voyez *Grammaire comparée*, § 1.)

combien ces éliminations de lettres étaient arbitraires. Mais ce qui, chez les savants que nous venons de nommer, doit surprendre plus que toutes les erreurs de détail, c'est l'idée qu'ils se faisaient encore des racines, car non-seulement ils comptent l'ω du présent de l'indicatif parmi les lettres radicales, et ils voient, par exemple, dans λέγω une racine quadrilitère, mais ils font servir les désinences grammaticales à l'explication des dérivés : ainsi ἀφή est rapporté à un prétendu parfait ἦφα, ἄμμα à ἦμμαι. λέξις à λέλεξαι, πατήρ à πέπαται. Pour la première fois, dans le livre de M. Bopp, on voit figurer de vraies racines grecques et latines; pour la première fois, les éléments constitutifs des mots sont exactement séparés. Appliquant aux verbes grecs la division en dix classes établie par la grammaire de l'Inde, il reconnaît dans δίδωμι, ἵστημι les racines δο et στα, redoublées de la même façon que dans daddâmi, tishṭhâmi : il montre que les formes comme ῥήγνυμεν, δείκνυμεν, δαίνυμεν doivent être décomposées ainsi : ῥήγ-νυ-μεν, δείκ-νυ-μεν, δαί-νυ-μεν, et que ces verbes correspondent aux verbes sanscrits de la cinquième classe, tels que su-nu-mas; il rapproche, comme exemple d'un verbe de la huitième classe, le grec τάν-υ-μεν du sanscrit tan-u-mas; il montre enfin que le ν est une lettre formative dans les verbes comme κρίνω, κλίνω, τέμνω, dont les racines sont κρι, κλι, τεμ[1].

Frédéric Schlegel avait déjà reconnu l'identité des infinitifs sanscrits en tum, comme sthâtum, dâtum, avec les supins latins comme statum, datum. Mais M. Bopp, allant

---

[1] Cf. *Grammaire comparée*. § 109* et suiv.

plus loin dans cette voie, explique ces mots comme des
accusatifs de substantifs abstraits formés à l'aide du suf-
fixe *tu*. Il en rapproche les gérondifs sanscrits comme
sthitvâ, dans lesquels il reconnaît l'instrumental d'un nom
verbal formé de la même façon. On peut voir dans la
Bibliothèque indienne d'Auguste-Guillaume Schlegel [1]
l'étonnement que lui causait une analyse aussi hardie :
il devait arriver souvent à M. Bopp de soulever des récla-
mations dans les camps les plus divers. Ceux qui avaient
appris le grec et le latin à l'école de l'antiquité, ceux qui
avaient étudié le sanscrit dans les livres de l'Inde, comme
ceux qui expliquaient les langues germaniques sans sortir
de ce groupe d'idiomes, devaient à tour de rôle être dé-
concertés par la nouvelle méthode. Au point de vue élevé
où il se plaçait, les règles des grammaires particulières
devenaient insuffisantes et les faits changeaient d'aspect en
étant rapprochés de faits de même espèce qui les complé-
taient et les rectifiaient.

IV.

Le livre de M. Bopp parut en 1816, à Francfort-sur-
le-Mein, précédé d'une préface de Windischmann et suivi
de la traduction en vers de quelques fragments des deux
épopées indiennes [2]. Le roi de Bavière, à qui Windisch-

---

[1] T. I, p. 125.

[2] Dès l'année 1819, quelques-unes des idées exposées par M. Bopp étaient
reproduites en tête d'un livre qui est encore entre les mains de tous nos
lycéens. Nous voulons parler de la *Méthode pour étudier la langue grecque* de
J. L. Burnouf (voir l'*Avertissement de la sixième édition*). Le savant univer-

mann lut un de ces morceaux, accorda au traducteur un
secours pécuniaire qui lui permit d'aller continuer ses
études à Londres. M. Bopp y connut Wilkins et Colebrooke;
mais il fut surtout en rapport avec Guillaume de Humboldt, alors ambassadeur de Prusse à la cour d'Angleterre.
Il eut l'honneur d'initier à la connaissance du sanscrit le
célèbre diplomate, depuis longtemps renommé comme
philosophe, et qui venait de se montrer linguiste savant
dans ses travaux sur le basque. L'esprit lucide et net du
jeune professeur servit peut-être jusqu'à un certain point
de correctif à cette large et puissante intelligence, qui
arrivait quelquefois à l'obscurité, en recherchant, comme
elle excellait à le faire, dans les lois de la pensée, la cause
des phénomènes les plus délicats du langage[1].

En 1820, M. Bopp fit paraître en anglais, dans les
Annales de littérature orientale, un travail qui reprend
avec plus d'ampleur et de développement le sujet traité
dans son premier ouvrage[2]. L'auteur ne se borne plus,

---

sitaire, qui s'était fait l'auditeur du cours de Chézy, avait vu le parti qu'on
devait tirer de la langue de l'Inde pour éclairer la grammaire grecque. Il
a indiqué avec plus de détail ses vues sur ce sujet, dans un article inséré,
en 1823, dans le *Journal asiatique* (t. III). Ce n'est pas ici le lieu d'examiner pourquoi ces commencements n'ont pas été suivis, en France, d'un
effet plus prompt et plus général.

[1] Comme modèles de cette analyse philosophique où Guillaume de Humboldt est incomparable, on peut citer les écrits suivants : De l'écriture phonétique et de son rapport avec la structure des idiomes (1826); Du duel
(1828); De la parenté des adverbes de lieu avec les pronoms dans certaines
langues (1830).

[2] Ce travail a été traduit en allemand par le docteur Pacht, dans le recueil de Gottfried Seebode : Nouvelles archives de philologie et de péda-
gogie. 1827.

cette fois, à l'étude du verbe : il esquisse déjà sa *Grammaire comparée*. Quelques lois phoniques sont indiquées; il présente pour la première fois la comparaison si intéressante entre les racines sémitiques et les racines indo-européennes, qu'il devait développer plus tard dans le premier de ses Mémoires lus à l'Académie de Berlin, et qu'il a peut-être trop condensée dans un des paragraphes de sa *Grammaire comparée;* il donne déjà de l'augment, qu'il identifie avec l'*a* privatif, l'explication qu'il reproduira dans son grand ouvrage [1].

Revenu en Allemagne, M. Bopp fut proposé par le gouvernement bavarois comme professeur à l'université de Würzbourg; mais l'université refusa de créer une chaire nouvelle pour des études qu'elle jugeait peu utiles. Il passa alors un hiver à Göttingue, où il fut en relation avec Otfried Müller. En 1821, sur la recommandation de Guillaume de Humboldt, devenu ministre, il fut appelé comme professeur des langues orientales à l'université de Berlin. Il se partagea dès lors entre son enseignement et ses écrits, qui se sont succédé sans interruption jusqu'à ce jour.

De 1824 à 1833, il inséra dans le Recueil de l'Académie de Berlin six mémoires, moins remarquables par leur étendue que par leur importance; ils contiennent en germe sa *Grammaire comparée*. Nous ne voulons pas les analyser ici [2]. Mais il est intéressant d'observer comment

---

[1] *Grammaire comparée*, § 537-541.

[2] Ils ont pour titre collectif : Analyse comparative du sanscrit et des langues congénères. En voici la liste :

1824. Des racines et des pronoms de la 1re et de la 2e personne. (Voir la recension d'Eugène Burnouf dans le *Journal asiatique*, t. VI.)

peu à peu, à mesure que des sujets d'information nouveaux se présentent devant lui, l'auteur élargit le cercle de ses recherches.

Aux langues qui lui avaient servi pour ses premières comparaisons, il ajoute d'abord le slave[1], ensuite le lithuanien[2]. Ce fut pour lui un surcroît de richesse et une mine pleine d'agréables surprises, car ces langues, très-riches en formes grammaticales, se sont mieux conservées, à quelques égards, que le reste de la famille. Se référant à ces points de rencontre, M. Bopp regarde les peuples letto-slaves comme les derniers venus en Europe, et il admet qu'une parenté plus intime relie leurs idiomes au zend et au sanscrit. Nous devons dire qu'il a été contredit sur ce sujet par un philologue particulièrement versé dans l'étude du slave et du lithuanien. M. Schleicher conteste le lien spécial de parenté qu'on voudrait établir entre les deux langues asiatiques et les langues letto-slaves, et c'est de la famille germanique qu'il rapproche ces derniers idiomes.

La découverte du zend ouvrit une autre carrière à l'activité de M. Bopp. Ce fut, comme il le dit, un des

---

1825. Du pronom réfléchi.

1826. Du pronom démonstratif et de l'origine des signes casuels.

1829. De quelques thèmes démonstratifs et de leur rapport avec diverses prépositions et conjonctions.

1831. De l'influence des pronoms sur la formation des mots.

1833. Des noms de nombre en sanscrit, en grec, en latin, en lithuanien et en ancien slave. — Des noms de nombre en zend.

(Tous ces mémoires ont paru en brochures à part.)

[1] Grâce aux travaux de Dobrowsky, de Kopitar, de Schaffarik.

[2] Avec l'aide des grammaires de Ruhig et de Mielcke.

triomphes de la science nouvelle, car le zend, dont le
sens était perdu, fut déchiffré en partie par une applica-
tion de la méthode comparative. Jusque-là, M. Bopp s'é-
tait servi du persan moderne pour ses rapprochements:
mais le persan, qui est au zend ce que le français est au
latin, ne présente qu'anomalies et obscurités sans le secours de l'idiome dont il est sorti. Il est vrai que Paulin
de Saint-Barthélemy, faisant preuve d'un véritable sens
philologique, avait déjà reconnu, à travers la transcrip-
tion défectueuse d'Anquetil-Duperron, un certain nombre
de mots communs au zend, au sanscrit, à l'allemand et
aux langues classiques. Mais les doutes injustes qui pesaient
sur l'authenticité de la langue de l'Avesta empêchèrent
d'abord M. Bopp d'entrer dans la même voie. Ce fut Rask
qui, le premier, par des raisons toutes grammaticales,
leva les scrupules. Eugène Burnouf commença bientôt
après le déchiffrement qui fut un de ses plus grands titres
de gloire. En faisant lithographier un manuscrit du Ven-
didad-Sadé, il permit à M. Bopp de prendre sa part d'un
travail qui s'accommodait si bien au tour de son esprit.
Il s'engagea entre les deux savants une lutte courtoise de
pénétration et de savoir : l'estime qu'ils faisaient l'un de
l'autre est marquée dans les comptes rendus qu'ils ont ré-
ciproquement donnés de leurs découvertes[1].

Nous arrivons à un travail qui marque une direction
nouvelle dans les recherches de M. Bopp. Dans ses premiers ouvrages, il s'était surtout occupé de l'analyse des

---

[1] Annales de critique scientifique. 1831. — *Journal des Savants*, 1833.

formes grammaticales. Il fut conduit sur un autre terrain,
non moins fécond en enseignements, par la Grammaire
allemande de Grimm. Si M. Bopp a frayé la route en tout
ce qui touche à l'explication des flexions, Jacob Grimm
est le vrai créateur des études relatives aux modifications
des sons. Cette histoire des voyelles et des consonnes, qui
ne peut sembler inutile ou aride qu'à ceux qui sont toujours
restés étrangers à l'examen méthodique des langues, venait de trouver dans l'illustre germaniste le plus délicat
et le plus séduisant des narrateurs. Il avait montré, par
la loi de substitution des consonnes allemandes, combien
est important le rôle des lois phoniques dans la formation
et dans la métamorphose des idiomes[1]. Allant plus loin
encore, il avait analysé la partie la plus subtile du langage, savoir les voyelles, et ramené à des séries uniformes,
qu'il compare lui-même à l'échelle des couleurs, les variations dont chaque voyelle allemande est susceptible. Mais
ici il se trouva, sur un point capital, en désaccord avec
M. Bopp. Ce n'est pas le lieu d'exposer la théorie de Grimm
sur l'apophonie (*ablaut*)[2] : il nous suffira de dire que, non
content d'attribuer à ces modifications de la voyelle une
valeur significative, il y voyait une manifestation immé-
diate et inexplicable de la faculté du langage. M. Bopp
combattit cette hypothèse comme il avait combattu la théorie de Frédéric Schlegel sur l'origine des flexions. Il s'at-
tacha à montrer, par la comparaison des autres idiomes
indo-européens, que l'apophonie, telle qu'elle existe dans

---

[1] Cf. *Grammaire comparée*, § 87, 1.

[2] Il s'agit de ce changement de voyelle qu'on observe dans les verbes
comme *ich singe, ich sang, gesungen : I sing, I sang, sung*.

les langues germaniques, n'a rien de primitif, que les modifications de la voyelle n'entraînaient, à l'origine, aucun changement dans le sens, et que ces variations du son étaient dues à des lois d'équilibre et à l'influence de l'accent tonique[1]. Une fois attiré vers ce nouveau genre de recherches, M. Bopp continua ses découvertes; il fit connaître l'origine des voyelles indiennes *ri* et *li*, montra la présence du gouna et du vriddhi dans les langues de l'Europe, distingua dans la conjugaison les désinences *pesantes* et *légères*, dans la déclinaison les *cas forts* et les *cas faibles*, et établit ces lois qu'il a ingénieusement appelées lois de gravité des voyelles.

Après vingt ans de travaux préparatoires, le moment parut enfin venu à M. Bopp d'élever le monument auquel son nom restera désormais attaché. Il commença en 1833 la publication de sa *Grammaire comparée*[2]. L'impression produite par cet ouvrage fut grande : tous les esprits sérieux furent frappés du développement des recherches, de la simplicité des vues principales, de la nouveauté et de

[1] M. Bopp n'a pas donné dans sa *Grammaire comparée* une exposition d'ensemble sur ce sujet. Il explique les diverses variétés de l'apophonie à mesure qu'elles se présentent. Voir les §§ 7 et suiv., 26 et suiv., 489 et suiv., 506, 589 et suiv., 602 et suiv. La polémique contre Grimm se trouve dans deux articles insérés, en 1827, dans les Annales de critique scientifique. Ils sont reproduits dans le volume intitulé Vocalisme (Berlin, 1836), où ils sont suivis d'un autre article publié, en 1835, dans le même recueil, sur le Dictionnaire de Graff.

[2] Grammaire comparée du sanscrit, du zend, du latin, du lithuanien, du gothique et de l'allemand, in-4°. L'ouvrage parut en six livraisons, de 1833 à 1849.

l'importance des résultats. Eugène Burnouf, qui rendit
compte du premier fascicule dans le *Journal des Savants*,
dit que ce livre resterait, « sous la forme que lui avait donnée
l'auteur, comme l'ouvrage qui renferme la solution la plus
complète du problème que soulève l'étude comparée des
nombreux idiomes appartenant à la famille indo-germa-
nique[1]. » Une traduction anglaise, due à M. Eastwick, parut
sous les auspices de l'illustre Wilson[2].

Les ouvrages de linguistique qui commencèrent dans le
même temps à se multiplier en Allemagne, firent encore
ressortir l'importance du livre de M. Bopp, qu'ils com-
plétaient ou qu'ils continuaient par certains côtés. Il faut
au moins nommer ici M. Pott[3], le savant étymologiste, et
M. Benfey[4], qui poussa de front les études de grammaire
comparée et les études sanscrites. Pendant que se publiait
la *Grammaire comparée*, paraissait aussi le grand ouvrage
où Guillaume de Humboldt montrait, avec une finesse et
une profondeur singulières, quels enseignements on pouvait tirer, pour l'analyse de l'esprit humain, de l'examen
historique et comparatif des langues[5]. Le mouvement phi-

---

[1] *Journal des Savants*, 1833, p. 413.

[2] Londres. 3 volumes. 1845-53. Cette traduction est arrivée à sa troisième édition.

[3] La première édition des Recherches étymologiques de M. Pott est de
1833. La seconde édition, encore inachevée (1859-61), a subi un remaniement complet, qui en a fait un livre nouveau.

[4] Les principaux ouvrages de M. Benfey sont le Lexique des racines grecques (1839), l'édition du Sâma-véda (1848), la Grammaire sanscrite (1852),
l'édition du Pantchatantra (1859). Depuis 1862, M. Benfey dirige une revue de philologie, intitulée : Orient et Occident.

[5] De la langue kawie. 1836-39. 3 volumes in-4°. — L'introduction

lologique, qui depuis ne s'est plus ralenti, se manifestait avec éclat : parmi cette variété de travaux, le livre de M. Bopp était comme l'ouvrage central, auquel la plupart de ces écrits se référaient ou qu'ils supposaient implicitement. Essayons donc de nous en rendre compte et de dégager, à travers la multiplicité des faits et des observations de détail, les principes qui y sont contenus.

V.

La vue fondamentale de la philologie comparative, c'est que les langues ont un développement continu dont il faut renouer la chaîne pour comprendre les faits qu'on rencontre à un moment donné de leur histoire. L'erreur de l'ancienne méthode grammaticale est de croire qu'un idiome forme un tout achevé en soi, qui s'explique de lui-même. Cette hypothèse, qui est sous-entendue dans les spéculations des Indous aussi bien que dans celles des Grecs et des Romains, a faussé la grammaire depuis son origine jusqu'à nos jours. Mais s'il est vrai que nos langues modernes sont un héritage que nous tenons de nos ancêtres, si, pour nous rendre compte, en français ou en italien, du mot le plus usuel et de la forme la plus simple, il faut remonter jusqu'au latin, si le grec d'aujourd'hui est incompréhensible sans la lumière du grec ancien, le même principe conserve toute sa force pour les idiomes de l'antiquité, et la structure du grec et du latin restera pour nous une énigme aussi longtemps que nous voudrons l'expliquer

<hr>

forme une œuvre à part : De la différence de structure des langues et de son influence sur le développement intellectuel du genre humain par les seules informations qu'ils nous fournissent. Comment comprendrons-nous pourquoi l'italien *dirigere* fait au participe *diretto*, ou pourquoi le français *venir* fait au présent singulier *je viens* et au pluriel *nous venons*, sans le secours de la conjugaison latine et sans la connaissance des lois phoniques qui ont présidé à la décomposition du latin? Mais sommes-nous plus en état de dire sans sortir du grec pourquoi βάλλω fait à l'aoriste ἔϐαλον, ou pourquoi εἰμί fait ἦν à l'imparfait? Il serait impossible, sans l'aide de la langue mère, d'indiquer d'une façon satisfaisante le lien de parenté qui unit le substantif français *jour* à la syllabe *di* renfermée dans *lundi*, *mardi;* mais l'affinité du grec Ζεύς avec son génitif Διός est-elle plus apparente? Le grec et le latin, pas plus que le français ou l'italien, ne sauraient rendre compte des formes grammaticales qu'ils emploient, et, dans le plus grand nombre des cas, ils ne donnent pas la clef de leur vocabulaire. Ce serait une étrange illusion de croire qu'un idiome entre dans l'existence en même temps qu'un certain groupe d'hommes commence à former un peuple à part. Quand Romulus assembla ses bergers sur le mont Aventin, les mots, l'organisme grammatical qui devaient composer le langage de ses descendants, étaient créés depuis des siècles. Pour découvrir les origines d'une langue, il ne suffit donc pas d'interroger les documents qui nous l'ont conservée, quelque anciens qu'ils puissent être. La question première, celle de la formation, resterait impénétrable, si la philologie comparative ne fournissait d'autres moyens d'investigation et d'analyse.

La grande expérience tentée par M. Bopp a prouvé

qu'en réunissant en un faisceau tous les idiomes de même
famille, on peut les compléter l'un par l'autre et expliquer
la plupart des faits que les grammaires spéciales enregis-
trent sans les comprendre. Il est inutile de donner ici des
exemples : le livre de M. Bopp en est rempli de la première à la dernière page. Il nous montre, à travers la di-
versité apparente de tant d'idiomes, le développement
d'un vocabulaire et d'une grammaire uniques. Ce n'est
pas que chaque langue ne porte en soi un principe de ré-
novation qui lui permet de modifier le type héréditaire et
de substituer en quelque sorte des organes nouveaux aux
mots usés et aux formes grammaticales hors de service.
Mais si les langues ont été justement comparées à des
monuments dont on renouvelle constamment les parties
vieillies, il faut ajouter que les matériaux qui servent à
réparer les brèches sont tirés de l'édifice lui-même. Le
verbe français a perdu les formes personnelles du passif,
mais il les remplace à l'aide d'un verbe auxiliaire et d'un
participe qui sont aussi anciens que le reste de la langue
française. De même, en latin, le passif n'a plus de seconde
personne du pluriel; mais la forme en *mini* qui en tient
lieu (*amamini, monemini*) est un participe moyen dont les
formes grecques, comme φιλούμενοι, τιμώμενοι, attestent
l'antiquité[1].

Chaque mot, chaque flexion nous ramène par une
filiation directe jusqu'aux temps les plus reculés de la
langue : mais la philologie va encore plus avant et montre
de quelle nature sont les éléments qui ont servi à com-

---

[1] *Grammaire comparée*. § 478.

poser le langage. Elle constate que les idiomes indo-européens se réduisent, en dernière analyse, à deux sortes de racines : les unes, appelées racines verbales, qui expriment une action ou une manière d'être; les autres, nommées racines pronominales, qui désignent les personnes, non d'une façon abstraite, mais avec l'idée accessoire de situation dans l'espace. C'est par la combinaison des six ou sept cents racines verbales avec un petit nombre de racines pronominales que s'est formé ce mécanisme merveilleux, qui frappe d'admiration celui qui l'examine pour la première fois, comme il confond d'étonnement celui qui en mesure la portée indéfinie après en avoir scruté les modestes commencements. L'instinct humain, avec les moyens les plus simples, a créé un instrument qui suffit depuis des siècles à tous les besoins de la pensée. La *Grammaire comparée* de M. Bopp est l'histoire de la mise en œuvre des éléments primitifs qui ont servi à former la plus riche comme la plus parfaite des familles de langues.

Cependant le livre de M. Bopp n'est pas resté à l'abri de la critique. Nous avons essayé d'en exposer l'idée mère et d'en faire voir les mérites : nous croyons qu'il est aussi de notre devoir d'indiquer les principaux reproches qu'on a pu adresser à l'auteur [1].

Une lacune qui a été signalée quelquefois, c'est l'absence de la syntaxe, c'est-à-dire de cette partie de la grammaire qui est traitée d'habitude avec le plus de dé-

---

[1] Il serait impossible d'entrer dans les critiques de détail : un travail aussi étendu sur des matières aussi variées et aussi neuves devait nécessairement renfermer des points contestables.

veloppement. Il est naturel que les règles de construction tiennent une large place dans les livres qui enseignent à parler ou à écrire une langue; mais le dessein de M. Bopp est tout autre. Il ne veut pas nous apprendre le maniement pratique des idiomes dont il nous retrace les origines, les affinités et les changements. Il en écrit l'histoire, ou plutôt il a choisi dans cette histoire, trop étendue et trop compliquée pour les forces d'un seul homme, la phonétique et la théorie des formes. La tâche, ainsi réduite, était encore assez grande pour satisfaire l'ambition et pour suffire au travail d'une vie entière.

Mais la lacune qu'on a remarquée s'explique encore par une autre raison. La syntaxe d'une langue consiste dans l'emploi qu'elle fait de ses formes grammaticales; pour rapprocher, à cet égard, plusieurs idiomes entre eux, et pour tirer de ces rapprochements des conclusions historiques, il faut d'abord établir, d'une façon incontestable, quelles sont les formes grammaticales qui, par leur origine, se correspondent. Avant de comparer le rôle du datif grec à celui du datif latin, il est nécessaire de savoir si la comparaison porte sur deux formes congénères[1]. La tâche la plus pressante de la philologie indo-européenne était donc l'étude des flexions. Entreprise trop tôt, la syntaxe comparative aurait manqué de principes solides, sans avoir, comme les syntaxes spéciales, l'utilité pratique pour excuse[2].

[1] Voyez *Grammaire comparée*. § 177.

[2] Un premier essai de syntaxe comparative a été tenté par M. Albert Hœfer, dans son traité : De l'infinitif, particulièrement en sanscrit. Berlin, 1840. On trouvera deux articles de M. Schweizer, sur l'emploi de l'ablatif

Dans un ordre d'idées tout différent, on a fait une autre objection à M. Bopp. On lui a reproché d'attribuer au sanscrit une importance excessive, et de ramener trop souvent le reste de la famille au modèle de la langue de l'Inde. Il ne faudrait pas s'étonner si la philologie comparée, créée par des indianistes, avait d'abord traité avec prédilection l'idiome qui jetait tant de lumière sur ses frères. Mais il faut ajouter que M. Bopp, parmi ses contemporains et ses émules, est celui qui a le moins cédé à cette préférence; mieux que personne et dès ses premiers ouvrages[1], il a fait voir le parti qu'on doit tirer du grec et du latin, et même de l'allemand et du slave, pour corriger et pour compléter le sanscrit, que des lois phoniques d'une extrême rigueur, ou une prononciation vicieuse ont parfois mutilé ou altéré. En isolant et en prenant à la lettre certaines phrases de M. Bopp, on pourra faire croire qu'il regarde le mot sanscrit comme le prototype des mots congénères; mais toutes les sciences comparatives se servent d'abréviations convenues, que le lecteur n'a pas de peine à interpréter. Le sanscrit étant

et de l'instrumental, dans le Journal pour la science du langage, de M. Hofer. Mais le plus grand nombre de remarques sur la syntaxe comparative se trouve dans le livre de M. Adolphe Regnier : *Études sur l'idiome des Védas et les origines de la langue sanscrite*, Paris, 1855.

[1] «Je ne crois pas, dit M. Bopp dans les Annales de littérature orientale (1820), qu'il faille considérer comme issus du sanscrit le grec, le latin et les autres langues de l'Europe... Je suis plutôt porté à regarder tous ces idiomes sans exception comme les modifications graduelles d'une seule et même langue primitive. Le sanscrit s'en est tenu plus près que les dialectes congénères... Mais il y a des exemples de formes grammaticales perdues en sanscrit qui se sont conservées en grec et en latin.»

l'idiome dont nous avons gardé les monuments les plus anciens et dont les formes grammaticales sont d'ordinaire les plus intactes, il est naturel qu'il serve de point de départ aux recherches ; parmi ces sœurs inégales en âge et en beauté, le chœur est mené par l'aînée et la plus belle. On ne veut pas nier d'ailleurs qu'il est quelquefois arrivé à M. Bopp de mettre, d'une façon un peu imprévue et sans intermédiaires suffisants, le sanscrit en présence d'un idiome qui n'y touche que de loin. Mais cette critique doit moins s'adresser à la *Grammaire comparée* qu'aux mémoires spéciaux dont nous parlerons tout à l'heure.

Un reproche qu'on ferait peut-être avec plus de raison à M. Bopp, c'est de trop laisser ignorer à ses lecteurs combien les recherches de linguistique sont redevables aux grammairiens de l'Inde. S'il faut louer l'illustre savant d'avoir réservé à leur égard tous les droits de la critique européenne, on peut regretter qu'il ait quelquefois relevé leurs erreurs, tandis que les hommages qu'il leur rend sont muets. Ce ne fut pas un médiocre avantage de trouver une langue toute préparée d'avance pour l'étude grammaticale, par ceux mêmes qui la maniaient, et de n'avoir qu'à appliquer aux idiomes de l'Occident des procédés d'analyse que la science européenne, depuis plus de deux mille ans, n'avait pas su trouver. Le classement méthodique des lettres d'après les organes de l'appareil vocal, l'observation du gouna et du vriddhi, les listes de suffixes, la distinction de la racine et du thème, ce sont là, parmi beaucoup d'autres idées neuves et justes, des découvertes qui ont passé de plain-pied de la grammaire indienne dans la grammaire comparative; mais ce que, par-dessus tout, nous devons aux écoles de l'Inde, c'est l'idée d'une grammaire expérimentale, nullement subordonnée à la rhétorique ni à la philosophie, et s'attachant à la forme avant de s'occuper de la fonction des mots. Si à une clairvoyance admirable il se mêle beaucoup de subtilité, si nous avons employé, pour un usage qu'on ne soupçonnait pas, des procédés qui avaient été inventés dans un dessein tout différent, il n'en est pas moins juste de reconnaître que le progrès accompli, depuis cinquante ans, par les études grammaticales est dû, en grande partie, à la connaissance de la méthode indienne. Comme tous les novateurs, M. Bopp a été plus frappé des défauts que des mérites d'un système qu'il a perfectionné en le simplifiant. Il faut ajouter que M. Bopp a d'abord appris à connaître les grammairiens indiens, non dans leurs livres originaux, mais par les traductions des Carey, des Wilkins, où ils gardaient leur air étrange et leur subtilité en perdant leur brièveté et leur précision.

Il nous reste, avant de quitter le grand travail de M. Bopp, à faire quelques remarques sur la composition et sur le style de cet ouvrage. La *Grammaire comparée* est un livre d'étude savante; quoique le langage de l'auteur soit d'une parfaite clarté, on ne saurait le lire sans une attention soutenue. Chaque mot a besoin d'être pesé sous peine d'erreur. Supposant son lecteur non-seulement attentif, mais bien préparé, M. Bopp distribue ses développements d'une façon un peu inégale : il passe vite sur les principes généraux et il insiste sur les particularités; il dit en quelques mots qu'il adopte l'opinion d'un auteur et il s'étend sur les faits qui la limitent ou la rectifient.

Les grandes lois ne ressortent peut-être pas toujours assez
au milieu des observations secondaires, et le ton uni dont
M. Bopp expose ses plus belles trouvailles fait qu'on n'en
aperçoit pas du premier coup toute l'importance. Le pas-
sage continuel d'un idiome à un autre est un procédé
d'exposition excellent, parce qu'il nous montre comment
l'auteur a poussé ses recherches et comment il a fait ses
découvertes; mais il exige chez le lecteur de la suite et de
la réflexion. C'est la plume à la main, en s'entourant autant qu'il est possible des livres cités par M. Bopp, qu'il
faut étudier la *Grammaire comparée.* Outre l'instruction,
on y trouvera alors un très-sérieux attrait, en découvrant
la raison et l'origine des règles que tant de générations se
sont transmises sans les comprendre, et en voyant peu à
peu un jour nouveau éclairer et transformer des faits que
nous croyions connaître depuis l'enfance.

VI.

Une fois la *Grammaire comparée* conduite à bonne fin,
et en attendant le dernier remaniement qu'il devait lui
donner, où M. Bopp allait-il tourner son zèle infatigable?
Il restait encore quelques idiomes indo-européens qu'il
avait laissés en dehors de ses rapprochements, soit que les
moyens de les étudier lui eussent manqué, soit que les textes qui nous les ont conservés fussent trop récents ou trop
courts. Il y consacra les mémoires que, de 1838 à 1854,
il inséra dans le Recueil de l'Académie de Berlin. Mais ces
essais, il faut le dire, se ressentent de l'insuffisance des
documents sur lesquels ils s'appuient. N'ayant pas à sa

disposition des matériaux étendus, il est parfois obligé de recourir à des comparaisons lointaines et à des rapprochements aventurés. C'est ici que se découvrent les dangers d'une méthode qui, pour être employée avec sûreté, suppose la connaissance complète et approfondie des idiomes auxquels elle s'applique.

Un mémoire de M. Pictet sur les langues celtiques venait d'être couronné par l'Institut de France [1]. M. Bopp, partant de cet écrit qui s'inspirait directement de sa méthode, et s'aidant, en outre, des livres de Mac Curtin et d'O'Reilly, essaya sur le rameau celtique l'étude qu'il avait faite sur les autres branches indo-européennes [2]. Cependant le celtique occupe peu de place dans la seconde édition de la *Grammaire comparée* : l'auteur reconnut sans doute que les matériaux dont il disposait étaient trop rares et la lumière renvoyée sur le reste de la famille trop faible et trop incertaine. Il ne paraît pas avoir eu l'idée de dépouiller le grand ouvrage de M. Zeuss, qui, grâce à des moyens d'information dont avaient manqué ses prédécesseurs, a fondé enfin l'étude comparative des langues celtiques sur une base large et solide [3].

Un curieux problème de linguistique ramena M. Bopp vers l'extrême Orient. Dans son grand ouvrage sur la langue kawie, Guillaume de Humboldt avait exposé comment la

[1] A. Pictet, *De l'affinité des langues celtiques avec le sanscrit.* Paris, 1837.

[2] *Des langues celtiques au point de vue de la grammaire comparative.* Mémoires de l'Académie de Berlin, 1838.

[3] Zeuss, *Grammatica celtica.* Leipzig, 1853. — M. Schleicher, dans son excellent *Compendium* de la Grammaire comparée des langues indo-européennes, s'est servi de cet ouvrage et a régulièrement rapproché les formes celtiques des formes congénères des autres idiomes.

civilisation brahmanique se répandit de l'Inde dans les îles
de la Malaisie et de la Polynésie. M. Bopp cherche à rat-
tacher au sanscrit un certain nombre de mots des langues
malayo-polynésiennes [1]. Mais, si nous en croyons les spé-
cimens qu'il nous donne, le sanscrit souffrit de singulières
déformations dans la bouche de ces peuples incultes. Tout
l'organisme grammatical a disparu : le vocabulaire seul a
subsisté. « Ces idiomes se sont dépouillés de leur ancien
vêtement et en ont revêtu un autre, ou bien, comme dans
les langues des îles de la mer du Sud, ils se montrent à
nous dans un état de nudité complète. » M. Bopp est le
premier à nous avertir que des observations ainsi limitées
à la partie la moins caractéristique d'un idiome doivent
être accueillies avec précaution.

Les mémoires subséquents sur le géorgien [2], sur le borussien [3] et sur l'albanais [4] se ressentent plus ou moins de
cette même difficulté qui résulte de la jeunesse relative et
de la maigreur des documents mis à contribution. On en
pourrait dire à peu près autant pour l'arménien que l'au-

---

[1] De la parenté des langues malayo-polynésiennes avec les langues indo-
européennes. Mémoires de l'Académie de Berlin. 1840.

[2] Les Membres caucasiques de la famille des langues indo-européennes.
1846. — L'auteur, dans ce mémoire, traite surtout du géorgien, d'après
une grammaire du C. Rosen.

[3] De la langue des Borussiens. Mémoires de l'Académie de Berlin. 1853.
— Le borussien ou ancien prussien est un dialecte de la famille lithuanienne,
présentant certaines particularités qui ont disparu des autres dialectes. Il
s'est éteint au xviie siècle ; le seul souvenir qui nous en reste est une traduction, d'ailleurs très-fautive, du petit catéchisme de Luther.

[4] De l'albanais et de ses affinités. Mémoires de l'Académie de Berlin. 1854.
— L'auteur s'est surtout servi de l'ouvrage de Hahn. — Tous ces Mémoires
ont paru aussi comme brochures à part.

teur, déjà engagé dans la publication de la seconde édition de la *Grammaire comparée*, y fit un peu tardivement entrer en ligne. L'origine iranienne de l'arménien paraît incontestable: mais la grammaire de cette langue a subi des modifications trop profondes, et son système phonique est encore trop peu connu pour que les rapprochements avec le zend et le sanscrit ne semblent pas quelquefois prématurés.

Tout en poussant de la sorte ses travaux de philologie comparative, M. Bopp ne négligeait aucun moyen de faciliter l'accès de la langue qui lui avait donné l'idée et la clef de ces recherches. Grammaires, vocabulaires, textes, traductions, il a tout mis en œuvre pour rendre l'étude du sanscrit plus simple et plus aisée[1]. Sa Grammaire sans-

[1] Voici la liste des publications sanscrites de M. Bopp :

1. — GRAMMAIRES.

1824-1827. Exposition détaillée du système de la langue sanscrite. — Voir la recension d'Eugène Burnouf, dans le *Journal asiatique*, t. VI.

1829-1832. *Grammatica critica linguæ sanscritæ.*

1834. Grammaire critique de la langue sanscrite, sous une forme abrégée.

1845. 2ᵉ édition du même ouvrage. — C'est à cette édition que se rapportent les renvois de la *Grammaire comparée*.

1861-1863. 3ᵉ édition du même ouvrage.

2. — TEXTES ET TRADUCTIONS.

1819. *Nalus, carmen sanscritum* (Londres). Texte et traduction latine.

1830. 2ᵉ édition du même ouvrage (Berlin).

1838. Nalas et Damayanti. (Traduction allemande.)

1824. Voyage d'Arjuna dans le ciel d'Indra, avec quelques épisodes du Mahâbhârata. (Texte et traduction allemande.)

1829. Le Déluge et trois autres épisodes du Mahâbhârata. (Texte et traduction allemande.)

3. — GLOSSAIRES.

1828-1830. *Glossarium sanscritum.*

1840-1847. *Glossarium sanscritum in quo omnes radices et vocabula usitatissima ex-*

crite a subi autant et plus de remaniements encore que la *Grammaire comparée* : après deux premiers essais, il la condensa en un petit volume qui est un modèle de saine critique et d'exposition lumineuse. Le succès de ce livre est attesté par trois éditions que distinguent l'une de l'autre de constantes améliorations. Pour ses publications de textes, il choisit, avec un bon goût parfait, les épisodes les plus intéressants et, en même temps, les plus faciles des deux principaux poëmes épiques de l'Inde. C'est à M. Bopp que nous devons le texte et la première traduction exacte de l'histoire de Nala, devenue justement populaire en Allemagne. Nous lui devons aussi cette délicieuse idylle de Sâvitrî, l'un des morceaux les plus touchants qu'il y ait dans la littérature d'aucun peuple. Le Glossaire sanscrit de M. Bopp, qui contient de nombreux rapprochements lexicologiques, est également arrivé aujourd'hui à sa troisième édition. Il complète cette série de travaux que recommandent l'unité de vues, une grande clarté et l'éloignement pour l'érudition inutile.

Un mémoire de M. Bœhtlingk sur l'accentuation en sanscrit fournit à M. Bopp l'occasion de porter ses recherches sur un point encore inexploré de la philologie comparative. Il rapprocha de l'accent indien le système de l'accentuation grecque, et montra avec quelle merveilleuse fidélité certaines particularités de l'intonation se sont conservées dans la déclinaison et dans la conjugaison de l'une et l'autre langue. Il borna d'ailleurs ses observations

plicantur et cum vocabulis græcis, latinis, germanicis, lithuanicis, slavonicis, celticis comparantur.

Une troisième édition est sous presse.

au sanscrit et au grec, les analogies faisant défaut ou les
renseignements étant trop rares pour les autres idiomes
de la famille[1]. L'histoire complète de l'accent tonique dans
les langues indo-européennes demeure encore à l'heure
qu'il est une tâche réservée pour l'avenir.

Cependant M. Bopp amassait de nouveaux et amples
matériaux pour la seconde édition de sa *Grammaire comparée*. Les différentes branches de la philologie indo-européenne avaient grandi rapidement dans l'intervalle qui
sépare les deux éditions, grâce surtout aux progrès de
l'épigraphie grecque et latine et à la publication des textes
védiques. Les travaux de M. Ahrens avaient montré combien la science pouvait encore récolter dans le champ des
idiomes classiques, en ne se bornant pas aux formes de
la langue littéraire, mais en dépouillant les dialectes et
en interrogeant les inscriptions, ces fidèles témoins des
variations de la langue hellénique. Depuis les premiers
livres de M. Ahrens, le grand recueil de M. Bœckh n'a-
vait pas cessé de s'accroître et de fournir à la grammaire
comparative un riche butin qui est loin encore d'être
épuisé[2]. Des publications analogues se faisaient pour les

---

[1] *Système comparatif d'accentuation* (Berlin, 1854). — Les vues de
M. Bopp sur l'accent ont été soumises à une critique savante par MM. H. Weil
et L. Benlœw, dans leur ouvrage intitulé : *Théorie générale de l'accentuation
latine*. Paris, 1855.

[2] Les beaux travaux de M. G. Curtius sur la langue grecque nous
montrent la méthode comparative s'aidant de tous les secours que lui fournissent l'épigraphie et la connaissance des dialectes. Parmi les ouvrages de
ce savant, dont le tact et la réserve seront particulièrement appréciés du
public français, il faut citer surtout le suivant : *Principes de l'étymologie*

inscriptions de l'Italie; nous avons déjà dit combien les
travaux de M. Corssen, qui avaient été précédés des recherches de MM. Mommsen, Aufrecht et Kirchhoff, ont
jeté de jour sur la structure de l'ancien latin[1]. L'histoire
de la langue allemande et de ses nombreux dialectes,
commencée avec tant de succès par les frères Grimm,
avait donné naissance à une quantité de publications,
qu'il serait impossible d'énumérer ici. En même temps,
MM. Schleicher et Miklosich soumettaient les dialectes
lithuaniens et slaves à une étude rigoureuse et approfondie[2].

De tous côtés on se partageait, pour en décrire les particularités, le vaste empire embrassé par M. Bopp. Les
idiomes asiatiques n'étaient pas oubliés dans cette grande
enquête. La langue des Védas, plus archaïque, plus riche
en formes grammaticales, plus voisine du grec et du latin
que le sanscrit de l'épopée, était mieux connue de jour en
jour, et M. Bopp avait la satisfaction de voir réellement

---

grecque (Leipzig, 1858-62). Une seconde édition de cet ouvrage vient de
paraître. M. G. Curtius a également publié une Grammaire grecque à l'usage
des classes (7ᵉ édition, Prague, 1866), où il fait entrer, dans une juste mesure, les faits constatés par la nouvelle méthode. A cette grammaire est joint
un volume d'Éclaircissements (Prague, 1863).

[1] Mommsen. Études osques (Berlin, 1845-46) — Les Dialectes de
l'Italie méridionale (Leipzig, 1850).

Aufrecht et Kirchhoff. Les Monuments de la langue ombrienne (Berlin,
1849-51).

Corssen. Prononciation, vocalisme et accentuation de la langue latine
(Leipzig, 1858-59). — Études critiques sur la théorie des formes en latin
(Leipzig, 1863).

[2] Schleicher. Grammaire lithuanienne (Prague, 1856).

Miklosich. Grammaire comparée des langues slaves (Vienne, 1852-56).

conservées dans ces antiques documents des formes qu'il avait autrefois restituées par conjecture, en s'appuyant sur le zend ou sur les langues classiques[1]. L'explication des livres sacrés des Parses, laissée malheureusement interrompue par Eugène Burnouf, avait trouvé dans M. Spiegel un infatigable continuateur, pendant que l'ancien perse, c'est-à-dire le dialecte des inscriptions, s'enrichissait par la découverte inespérée du monument de Bisoutoun.

Une si grande abondance de matériaux devait donner la plus vive activité aux travaux de grammaire comparée. Depuis 1852, un excellent recueil, devenu bientôt trop étroit, servait d'organe à ces études et inaugurait l'ère des recherches de détail[2]. On y trouve, sur les sujets les

[1] La première connaissance de la langue védique est due à Fr. Rosen, qui publia en 1838 le premier livre du Rik. Les quatre Védas sont entièrement édités aujourd'hui. On a publié également les plus anciens livres grammaticaux des Indous, et M. Bopp a encore pu mettre à profit, pour la seconde édition de sa *Grammaire comparée*, les belles et pénétrantes études de M. Adolphe Regnier sur le *Prâtiçâkhya* du Rig-véda (*Études sur la grammaire védique*; Paris, 1857-59). Il a aussi eu entre les mains les premiers volumes du grand Dictionnaire sanscrit, encore inachevé, publié par l'Académie impériale de Saint-Pétersbourg, sous la direction de MM. Bœhtlingk et Roth (1852-66).

[2] Nous voulons parler de la Revue de philologie comparée dirigée d'abord par MM. Aufrecht et Kuhn, puis par M. Kuhn seul (Berlin, 1852-1865, 14 volumes). Depuis 1856, il se publie, en outre, un recueil dirigé par MM. Kuhn et Schleicher, qui s'occupe plus spécialement des langues celtiques et slaves. Avant ces deux journaux, M. Hœfer avait fait paraître le Journal pour la science du langage (Berlin, 1845-1853). Nous avons déjà cité le journal de M. Benfey, Orient et Occident (Göttingue, 1862-65). Il y faut encore joindre celui de MM. Lazarus et Steinthal, la Revue pour la psychologie des nations et la science du langage, qui cherche à mettre en lumière le côté philosophique de l'étude des langues (Berlin, 1860-65).

plus divers, mais surtout sur la phonétique, des travaux
souvent cités par M. Bopp dans le cours de sa deuxième
édition, et signés des noms de MM. Pott, Benfey, Ahrens,
Kuhn, Max Müller, Aufrecht, A. Weber, G. Curtius, Corssen, Schleicher, Leo Meyer[1].

Entouré de ces secours, mais consultant par-dessus tout
ses propres observations, M. Bopp commença en 1857 la
publication de la seconde édition de sa *Grammaire comparée*. Elle porte à chaque page la marque du continuel
travail d'amendement et de correction que M. Bopp n'a
jamais cessé de faire subir à ses idées. Elle contient peu
de paragraphes qui n'aient été remaniés ou augmentés[2].
En même temps, il y fit entrer la substance de ses plus
récents écrits, en sorte qu'on peut regarder cet ouvrage
comme le dernier mot de l'auteur et comme le résumé
de ses travaux.

En parcourant la liste des publications de M. Bopp,
qui toutes concourent au même but, on ne peut s'empêcher d'admirer la persévérance et l'unité de ses efforts.
Il a passé sa vie entière à confirmer et à développer les
principes qu'il avait posés dans son premier livre : pour-
suivant sans relâche les mêmes études, il s'est attaché

---

[1] M. Schleicher a publié, en 1861, un *Compendium* de la grammaire
comparée des langues indo-européennes, qui se recommande par l'excel-
lente disposition des matières, par la précision des idées et la nouveauté
d'une partie des observations. De son côté, M. Leo Meyer fait paraître une
Grammaire comparée du grec et du latin, que distinguent l'abondance des
exemples et la hardiesse souvent heureuse des rapprochements.

[2] De là les nombreux sous-chiffres, l'auteur, avec raison, n'ayant pas
voulu changer les numéros de ses paragraphes.

pendant cinquante ans à en étendre la portée, à en multiplier les applications et à en assurer les progrès dans
l'avenir. Aussi son nom restera-t-il inséparable d'une
science dont il est, en un sens, le plus parfait représen-
tant : sa récompense a été de la voir grandir sous ses yeux.
Peu de recherches ont pris un accroissement aussi rapide :
créée il y a un demi-siècle, la philologie comparative est
enseignée aujourd'hui dans tous les pays de l'Europe; elle
a ses chaires, ses livres, ses journaux, ses sociétés spéciales; elle a introduit des idées nouvelles sur l'origine
et le développement des idiomes, modifié profondément
l'ethnographie et l'histoire, transformé les études mytho-
logiques et éclairé d'un jour inattendu le passé de l'hu-
manité. L'auteur de ce grand mouvement scientifique est
un homme modeste jusqu'à la timidité, ne parlant jamais
de ses découvertes les plus importantes, mais aimant à
citer quelque fait de détail, et laissant voir alors par moments, aux saillies discrètes d'un enjouement candide, la
joie intime que lui causent ses travaux.

Il nous reste à dire quelques mots de la présente traduction[1]. Nous avons scrupuleusement respecté le texte
d'un livre qui est devenu classique et dont même les points
contestables ont besoin d'être conservés, car ils appar-
tiennent à l'histoire de la science, et une quantité d'autres
écrits s'y réfèrent. Un examen attentif nous a d'ailleurs

[1] Dès 1858, M. Adolphe Regnier, sentant la nécessité d'une traduction
française de la *Grammaire comparée*, avait entamé à ce sujet avec M. Bopp
des négociations, qui, pour des raisons étrangères à leur volonté, ne purent
alors aboutir.

montré que toutes les parties de la *Grammaire comparée* se
tiennent d'une façon étroite : la suite de l'ouvrage révèle
l'importance de telle observation dont on ne voit pas, au
premier coup d'œil, la valeur ou l'opportunité. Les modifications que je me suis permises sont tout extérieures :
elles ont pour objet de rendre le livre d'un usage plus
commode et plus facile. Après mûre délibération, je me
suis abstenu de donner des notes critiques au bas des
pages[1]. Outre qu'il eût fallu, pour répartir ces notes d'une
façon égale sur toutes les parties de la *Grammaire comparée*, un savoir non moins étendu que celui de l'auteur,
il eût été impossible de condenser d'une façon intelligible,
dans des remarques nécessairement peu développées, des
observations qui, pour être utiles, ont besoin d'être ac-
compagnées de leurs preuves. Peut-être essayerai-je plus
tard, si nul autre n'entreprend cette tâche, de donner un
commentaire critique sur quelques parties de la *Grammaire comparée* de M. Bopp.

Les précieux encouragements qui m'ont soutenu dans
mon travail me faisaient un devoir de n'y épargner aucune peine. Mes premiers remerciements sont dus au
Comité des souscriptions aux publications littéraires, qui
a rendu possible cette édition française, en la proposant
au patronage de Son Exc. M. le comte Walewski, ministre

---

[1] Le petit nombre de notules que j'ai ajoutées n'a d'autre objet que de
fournir au lecteur quelques éclaircissements relatifs à la composition ou au
texte du livre de M. Bopp. J'ai traduit en français le titre des ouvrages en
langue étrangère cités par l'auteur, ne voulant pas augmenter la compli-
cation d'une lecture que les rapprochements d'idiome à idiome rendent déjà
assez peu aisée. Un index bibliographique sera joint aux tables alphabétiques
qui termineront le dernier volume.

d'État. Je suis heureux de nommer ensuite M. Bopp, qui, malgré l'affaiblissement de sa vue, a demandé à relire les épreuves, et m'a fourni, avec ses corrections, quelques additions utiles. J'ai trouvé, pour la révision des épreuves, un autre collaborateur dans M. Baudry, bien connu par ses études de linguistique et de mythologie. L'exécution typographique, confiée par M. Hachette à l'Imprimerie impériale, est digne de ce grand établissement. J'ai réservé pour la fin mes remerciements à M. Adolphe Regnier, qui m'a bien voulu aider de sa haute expérience, et à mon ancien maître, M. Egger[1], qui a prêté à ce travail, commencé sur son conseil, l'attention affectueuse et le concours efficace que trouvent auprès de lui toutes les entreprises utiles aux lettres.

Épinal, le 1er novembre 1865.

MICHEL BRÉAL.

[1] Le premier enseignement régulier de la grammaire comparée est dû, dans notre pays, à M. Egger, qui introduisit la méthode comparative dans les leçons professées par lui à l'École normale supérieure, de 1839 à 1861. Une partie de cet enseignement se trouve résumée dans les *Notions élémentaires de grammaire comparée pour servir à l'étude des trois langues classiques*. Paris, 1865, 6e édition.

www.ingramcontent.com/pod-product-compliance
Lightning Source LLC
LaVergne TN
LVHW012055030726
842523LV00002B/542